ENSAYOS DE LITERATURA
HONDUREÑA CONTEMPORANEA

SOBRESALEN:

ENRIQUE ORDOÑEZ
RAFAEL AMADOR RAMOS
ALEXIS ARNOLDO LAINEZ
DAVID FORTIN

Vol. 1

OSCAR FERNANDO SIERRA

En forma de post-prólogo

La Innovación Estética en la Narrativa de *"Pordiosero"* de Enrique Alexander Ordóñez

Oscar Fernando Sierra Ordoñez

> *"Encendió despacio el compuvisor .Surgió desorbitante un rostro desvanecido de furor, que hirió sus ojos. Desde ese instante el virus habita en sus entrañas al escribir estas palabras"*
>
> Oscar Sierra

> *"Fue el momento más feliz de mi vida y no lo sabía. De haberlo sabido, ¿habría podido proteger dicha felicidad? ¿Habría sucedido todo de otra manera? Sí, de haber comprendido que aquél era el momento más feliz de mi vida, nunca lo habría dejado escapar. Ese momento dorado en que una profunda paz espiritual envolvió todo mi ser quizá durara sólo unos segundos, pero me pareció que la felicidad lo convertía en horas, años. El 26 de mayo de 1975, lunes, hubo un instante, hacia las tres menos cuarto, en el que pareció que, de la misma forma que nos liberamos de nuestras culpas, pecados, penas y remordimientos, también nos liberamos de las leyes de la gravedad y el tiempo en el mundo"*
>
> OrhamPamuk

La estilística narrativa novedosa en "Pordiosero" de Enrique Alexander Ordóñez

En la actualidad de la literatura Hondureña están apareciendo de forma sorpresiva excelentes obras narrativas con aciertos estéticos novedosos; en el caso que nos ocupa "Pordiosero" sorprende por tres componentes literarios que se expanden de forma puntual en toda la globalidad de la obra; la primera por la técnica poliédrica; que consiste en tratar varias historias particulares en el mismo cuento para darle un remate vertiginoso al final de la historia; su logro diegético sin entrecruces de detallismos; ni estampismos, ni de relatos folklóricos; se trata de cuentos con un tratamiento preciso del lenguaje; entra como cuentista en la campante historia de la literatura hondureña; el segundo componente; es el viso existencialista ; explora a cabalidad el inconsciente, subconsciente del alma humana; la miseria humana, la deshumanización , la indiferencia social son llevado con un tono estético, con una secuencia narrativa que logra atrapar al lector, dándole un vuelco repentino, dándole un viraje hacia la realidad dura que rodea el país en todas sus dimensiones; como lo expresa Lucien Goldmann "La Literatura es el espejo de la realidad" al igual que Lukacs "La literatura que no tenga compromiso con la realidad no tiene acierto estético" esa ahí donde se desprende su homologia; hablamos de una especie de pragmática; la búsqueda indescifrable del sufrimiento humano, la critica al purgatorio político; lo visceral de la existencia humana; el tratamiento realísticos existencial hacen que su estilo sea directo; es decir crear connotación desde la denotación; desde la cotidianeidad; Enrique Ordóñez es un escritor en la lucha por crea un discurso que concientice que todos estamos restregados en las heces fecales; sus personajes extraídos del vox populis logra con eficacia estética introducirlos en el imaginario ficticio, explorando su alma, rescatándolos del olvido; con certeza, sus cuentos también se caracterizan por la fina y cruel ironía "La señora que se introduce ella sola al ataúd" "o los personajes que discuten que si uno estudia esta....hecho heces fecales...sino estudia también, esta ironía acompañada con un tono de humor ibseano; por lo ando Enrique; después de trabajar la poesía y la novela; tenia la nube cargada; solo esperaba el momento preciso para descagarla; un Jartum; exquisito; lleva al lector a cumplir dos funciones; la de lector que disfruta del cuento , y la otra del ser humano que se da cuenta al final de la historia que esta parado en una realidad sumida en la ciénaga del dolor y de la miseria; por eso encontramos magistralmente bien caracterizados sus actantes; con una cosmovisión llena de crueldad; por ejemplo el cuento "lo prohibido" una critica incesante a los escritores que ya no puedan vender sus libros en una sociedad perpetuada por la droga y la ignorancia cultural; estos cuentos incursionan en suprarrealismo, una porque la forma en que el narrador intercambia con el personaje; a través de los sueños y de los recuerdos para luego salir a flote a la superficie de la realidad; para percepcionar esa realidad hace un giro estilístico.

I

El Cuento de principios del siglo XX, abandonó las formas tradicionales de Narrar, eso se muestra en narradores como James Joyce, Frank Kafka y de alguna Manera el maestro Horacio Quiroga y Charles Bukowski que construía personajes del Underground o bajo mundo; como borrachos prostitutas y jugadores de Beisbol; muy sintonizados por el escritor Ordóñez, para citar algunos, de tantos que existen en la Literatura Universal Contemporánea. En los presentes Relatos *"Pordiosero"* de **Enrique Ordóñez** , encuentro una variedad de juegos: la Realidad tratada con firmeza desde una diversidad de ángulos como la inclusión de personajes típicos; caracterizados de forma literaria con una profunda exploración fenomenológica , lo otro es el espacio tempo-Espacial y el juego lingüístico-Literario, esta triada se combina de forma acertada con una multiplicidad de pactos narrativos de los que nos expresa Searle, donde los actos de habla predominan en el narrador en primera persona, narradores en segunda y tercera persona, la manera en que va deshilando las secuencias encadenadas de los acontecimientos onírico- realísticos, esa gravitación estilística de plantear cosmovisiones precisas , como cuando se inicia el relato en cualquier momento del suceso ficticio; dándole ruptura al relato; hace quiebres con el efecto de una visagra.

Estos Cuentos difieren de la extracción implícita de recursos literarios de un una especie de Realismo hacia componentes de mucha contemporaneidad que es el Infrarrealismo, no me refiero a influencias marcadas, de alguna forma el contexto en que se mueven los personajes es la cotidianeidad marcada por signos del absurdo en el cuento por ejemplo en la anciana que se introduce a su propio ataúd; también el despliegue de incursionar en ciertos dotes localistas que se universalizan con el recurso de ciertas alusiones o de un tratamiento literario que le imprime la problemática de la miseria humana ; desde dimensiones sociales, culturales y políticas; en estos cuentos se demuestra una dosis precisa de poesía; con humor sardónico; sin obviar el grado de crueldad en la que se emerge cada historia desde el simple patrón que viola a la joven; hasta el cuento "La Mirada" de tendencia psicoexisntencislista .Por lo tanto explicado lo anterior; Los personajes sufren un proceso de tormento y de tortura psicológica, y al final el autor logra maniobrar el final del relato con un efecto sorpresivo, eso le da un acierto preciso estético. Repito, la cotidianidad emergida en la seducción y la fragmentariedad, según el filosofo francés Jena Braudilliard ""*El simulacro no es lo que oculta la verdad. Es la verdad la que oculta que no hay verdad. El simulacro es verdadero"*, no resultan tranquilizadoras en ningún sentido, por lo que la cuentistica de Enrique Ordoñez deslinda entre la realidad directa en que vivimos y la simulación de que soñamos, teatralidad convertida en verbalización , en figura poética, en descripción actancial, el quiebre traumático y el artilugio de finalizar el cuento, no nos referimos a una literatura narrativa que se caracteriza por el abultamiento de significantes comerciales, o de signos gastados, logra dotar al cuentos más allá de sus formas , más allá de sus significados filosóficos y sociales.

II

"Si no te sale ardiendo de dentro,
a pesar de todo,
no lo hagas.
A no ser que salga espontáneamente de tu corazón
y de tu mente y de tu boca
y de tus tripas,
no lo hagas.
Si tienes que sentarte durante horas
con la mirada fija en la pantalla del ordenador
ó clavado en tu máquina de escribir
buscando las palabras,
no lo hagas.
Si lo haces por dinero o fama,
no lo hagas.
Si lo haces porque quieres mujeres en tu cama,
no lo hagas.
Si tienes que sentarte
y reescribirlo una y otra vez,
no lo hagas.
Si te cansa sólo pensar en hacerlo,
no lo hagas.
Si estás intentando escribir
como cualquier otro, olvídalo"
Charles Bukowski

Explorar el lado obscuro del humano, los rostros atrapados, y el desenmascaramiento de las subrealidades vertidas como copas en el alma humana, esa es la intencionalidad de los cuentos de **"Pordiosero"** el toque de piedra, el roce con el llanto, la forma de reflejar el alma ; como el anciano de la alforja; dos caras; el tipo académico convertido en el hombre sencillo; el hombre que ha subido y bajado la roca de Sísifo; dándose cuenta que en la vida las cosas mas grandes radican en la sencillez de la naturaleza; es asimismo; el deslice de cada párrafo, de cada subtexto imbricado con sopesura semántica y una certera construcción sintáctica. La espontaneidad de extraer la realidad visceral es un rasgo de la cuentística Contemporánea, consecuentemente un elemento vital en la estilística de Enrique Ordóñez es la observación de situaciones y objetos, los inserta en la narrativa, conflicteandolos para darle un acento onírico creando atmosfera de placer textual, discurre a veces en rupturas traumáticas, para darle un tratamiento a temas que han sido tratados por la Literatura Universal.; como temas que tienden a ser reconstruidos y desconstruidos en cada Relato; un ejemplo de metatextualidades cuando hace referencia de autores de renombre literario como Braudilliard, Gabriel García Márquez y Ramón Amaya Amador.

Su tarea estilística ha sido ir Recreando espacios, símbolos, imágenes y figuras que hacen universalizar la cosmovisión de cada uno de los cuentos ante el mundo Globalizado donde se producen relatos con rasgos de Gabget, confort y Magazine, y que más bien Enrique Ordóñez con un manejo acertado de las Nuevas técnicas Narrativas, logra dar un tratamiento literario al tema de la muerte con formas existenciales dando un asomo a la Literatura Sartreana, luego notamos lo diestro en incrustar el epitome del Asesinato de manera existencial en el relato "El Velatorio"

Una sensación narrativa que busca un cause con el

lenguaje cinematográfico, eso renueva definiendo el camino estético que logra Enrique Ordoñez; ha elegido, incluso la conciencia lingüístico literaria; se suelta, desbocándose, dejando hablar y actuar a los personajes de manera autónoma, dándole una caracterización de indiferencia, no le da paso al héroe del Comic, ni trata de darles felicidad en el transcurso a los actantes, es decir, la figura del antihéroe; porque eso es el pordiosero un antihéroe; se convierte en el arquetipo de los miserables de Víctor Hugo ; o de los pobres de Roberto Sosa; en una nueva versión con un tratamiento novedoso; es decir logra un estilo propio , autentico, descarnado; sin muchos alambicamientos; sin maquillajes; todos los personajes padecen de ciclotimias, olvido, esquizofrenia y delirium tremens; esto le da un buceo psicológico a los personajes como "Fichita" "Urbano Rosquilla" actantes extraídos de la realidad para darle un viraje; explorar el alma, explorar el subconsciente; no solo homenajear a esos seres que detrás de ellos estaban emergidos en un relato de tragedia , es decir en una hilaridad de relatos existenciales, se podría decir ; que Enrique plantea; crear una atmosfera al estilo Dostoyescki; el cuento con más acento psicológico; no se trata de rescatar el personaje y que siga siendo folklórico; lo que es mas interesante es la manera en que logra excavar la mente de estos personajes que ese convierten en el desdoblamiento; en el espejo de todos los ciudadanos que entran a ese escenario de convertirse en Pordiosero; digamos existencial; burocrático de índole político o religioso; esta teoría esta planteada en el fondo de su estilo; no es el cuento como arma ideológica o como pastiche; o como estampa local; es en verdad extraer las vísceras, extrae con mucha rudeza, con mucha dureza el dolor social; literariamente estos cuentos ;

en ciertos momentos logran un poliedro surrealista , un viraje al sueño, un encontronazo con la dimensión inconsciente del mundo, ese quiebre en el relato, digresión sorpresiva , una simbiosis amor-sueño, salen a flote todos los temores del ser humano, la única vía del relato es contar tres historias, la historia que sueña, y la que despierta, sin olvidar la del propio autor, rompe la linealidad del tiempo, y eso lo hace enfilarse como uno de los narradores Hondureños muy consciente del oficio de narrar.

En el cuento *"La Anciana y la Roca"* encontramos un acento tradicional en el relato, cuando nos referimos que el objeto estático de la piedra que dinamiza la historia; lo que me recuerda la cuentística de Froilán Turcios, sin embargo como símbolo de violencia, debemos de escarbar la conciencia humana desde el pasado en que se inventaron las armas, y se han convertido en objeto de deseo y poder de la humanidad; sin embargo el acento e indicio poético de cómo se relata el suicidio marca una nueva cosmovisión estética; es decir el acto trágico tiene un componente muy acertado; encuentro rasgos de relato realista como en los cuentos de Guy Maupassant, por los ambientes rurales, eso le daría un desacierto, sin embargo el autor reconstruye la trama dándole un tono de contemporaneidad, alude a los símbolos de "Ataúd" eso da como resultado *"Violencia genera muerte"*, hipótesis que no se anulan, si las identificamos en la realidad en la que se circunscribe el autor; no obstante, aunque todos los personajes padezcan locuras, sean marginales como prostitutas, ladrones , escritores , ancianos, niñas , discurren una certera galería de personajes; por lo tanto; en uno de los cuentos "Tormenta" encontramos un signo de esperanza; los personajes anteriormente citados a diferencia de la mujer que abraza la sombra de un árbol mientras mira como el huracán arrastró su familia al final; aparece en su mente la figura de Jesucristo; ese es el único símbolo de esperanza que le abre una posibilidad de rescatar este mundo de pordioseros; es así mismo; que Enrique Ordóñez ha incursionado con buen talento en la poesía y en la Novela; y cierra el circulo de las formas literarias con estos cuentos híbridos, ávidos y vivos.

Se presentan imágenes de carga tipográfica profunda, lo que significa que fluye el lenguaje cinematográfico en la estructura profunda del Relato. Como lo expresa el Teórico Ruso Mijaíl Bajtin La narrativa hoy en día lleva injertada en un dialogismo, un entrecruce de lenguajes, un traslape de universos interiores, una simbiosis de mundos isotópicos: pasado-presenta, abstracto- concreto, el amor-la indiferencia, mujer –hombre, lo rural-urbano, actual, existencialismo-realismo. Cumple a cabalidad la expresión de Quiroga acerca del cuento *"No escribas bajo el imperio de la emoción. Déjala morir, y evócala luego. Si eres capaz entonces de revivirla tal cual fue, has llegado en arte a la mitad del camino"* (2009: *Ciudad Seva).*La vitalidad que encierra y abre cada cuento nos propone viajar en linderos de imaginación evocativa desde una realidad incisiva, donde el autor le da la oportunidad a los lectores de culminar el cuento, se conviertan en autores del propio relato, es ahí donde reside la construcción narrativa. Enrique Ordoñez supera su obra anterior, dándole un despegue estético, simulación de maniobrar la historia, cambiarla de rumbo, luego focalizar la sorpresa y soltarla al final con equilibrio, con certeza emergiéndonos en la imagen , el uso preciso de la diferentes técnicas narrativas insoslayables, como lo expresa Ricardo Piglia *"El cuento se construye para hacer aparecer artificialmente algo que estaba oculto. Reproduce la búsqueda siempre renovada de una experiencia única que nos permita ver, bajo la superficie opaca de la vida, una verdad secreta."*

El pacto lírico narrativo se desboca en una forma de saber relatar en varios narradores a la vez, veo que los cuentos a través de la semiosis encuentro significaciones de máxima profundidad por ejemplo son actantes impresionantes, esto viene a ser un aporte singular en la narrativa contemporánea Hondureña. Sin embargo en el la estructura argumentativa, los cuentos están afinados en entre los relatos que se narran como en el caso de "Mi perro Murió de Amor"", tiene una caracterización arquitectónica acertada, lo describe con precisión literaria injertándole un acento de degradatio, eso porque los personajes van hacia la miseria y vienen de la miseria .Otro aspecto importante en la narrativa de **"Pordiosero"** es que eclosiona técnicamente el manejo diestro de varias focalizaciones o narradores, lo que le da un efecto de contrapunteo entre un relato y el otro, mantiene un equilibrio en el ritmo de los sucesos ficticios, que se van desenhebrando fragmentariamente hacia adelante y hacia atrás, encuentro flashbacks que nos llevan hacia los recuerdos como en los relatos *"La Mirada" Para* *citar un caso; el* juego introspectivo, agudeza lingüística, sin ripios, ni disfraces semánticos, estilo directo, sin barrocos. Los cuentos de Ordóñez también llenan el alma por el éxtasis poético en la que nos sumerge con fuerza provocando placer, atrapándonos hasta deliberar el ansia , los complejos , y padecimientos de sus personajes , en la mayoría buscan la muerte, o le aparece sin exponer fuerza de oposición , vemos sus indicios de tragedia griega en cada pliegue del texto narrativo.

Sin descartar el vértice de ternura que se disgregan en la profundidad de la mayoría de los relatos; donde encontramos una mixtura acre de ternura y tragedia, una especie de armonía entre la figura de la muerte y la existencia.

El acercamiento pictórico de la poesía logra causarnos placer en cada metaforizacion para darle una simetría de ternura, un encabalgamiento argumentativo .Remitiéndonos a algunos conceptos del Teórico Paul Ricour para justificar que la obra de Enrique Ordóñez esta conectada a los humano, a lo corpóreo y luego perfilándose en las profundidades del ser: *"El concepto de identidad narrativa, es decir de una aprehensión de la vida en forma de relato" esta* articulación de un pensamiento existencial traslapado implícitamente en cada figura estructurada en los cuentos, esa dotación precisa de explorar los estadium de la conciencia, eso evita el artificio, porque se ponen en epicentro el accionar humano, ya sea encaminado a lo absurdo o la trivialidad; por lo que sus cuentos se convierten en existencias inacabadas, en locuras vertidas en el silencio, en la miseria del mundo interior de los seres humanos; una simbiosis exhaustiva en la orfebrería de la palabra, es ahí donde radica con certeza el talento de narrador. Algunas veces hemos encontrado cisuras, pausas, digresiones, eso aflora rompiendo la linealidad, y surge un continuum de ventanas para seguir la lectura, o detenerse reflexivamente en el sinsentido, sin caer en un déficit elíptico del relato repetitivo e iterativo según Gennete.

Otro aporte es las incidencias de los lenguajes en todos sus niveles, desde el poético hasta el cotidiano, toda una simbiosis lingüística, en eso radicara su aporte en la literatura de nuestro país:

Jakobson expone*"LaFunción poética se centra en el mensaje. Se pone en manifiesto cuando la construcción lingüística elegida intenta producir un efecto especial en el destinatario: goce, emoción, entusiasmo"*

De repente nos interesa en como se va desarrollando el asunto narrativo, lo que si vale la pena valorar, es como logra bucear la conciencia de los personajes, introspectivos, esféricos, con carácter propio, muy sólidos, con el lenguaje acorde a los contextos culturales en que se desenvuelven.

La Mayoría de los Relatos van de un degradatio a otro degradatio, todo tratado con una técnica Narrativa Contemporánea, en la Retórica latino se le llamó "in medias res"Si el discurso narrativo empieza en un punto medio del tiempo de la historia";hilándolas, conectándolas, adjuntándolas con habilidad creativa e imaginativa , construyendo una máquina Cuentística de suma complejidad; resultado tanto la brevedad en la que dispara sus criticas implícitas a través de los acontecimientos que se hilvanan con prontitud, en encuentro una excavación del inconsciente, y del subconsciente humano.

La Isocronia como procedimiento temporal "Dos o más acontecimientos que suceden simultáneamente en el transcurso del relato" se equilibran de forma acertada y habilidosa. La alternancia de planos disgregan la eclosión de un narrador poliédrico (Sierra: 2009) que miran una variedad de acontecimientos de diferentes ventanas, véase los cuentos *"Mi perro Murió de Amor"* *"La Tormenta"* *"Coincidencia"* *"Ermitaño"* para citar los mas importantes en los aspectos antes citados.

Relato fresco que sopesa lo "intemporal" como el sueño dentro del ensueño, se abate la existencia en una simbiosis entre la realidad y lo ficticio. Cada relato va cimentándose una pluridimensional dad narrativa, acorta las linealidades, la búsqueda de respuestas filosóficas, el encuadre cotidiano existencial que caracteriza la narrativa actual.

"Pordiosero" marca una mirada exacta sobre lo onírico, una búsqueda inexorable de verdades esenciales que el relato puede tocar a flor de piel. Desde el initio desboca en cuenta regresiva, trasvasa el sentimiento más vital "la vida y la muerte", presagia un panorama total de la sociedad arraigada en mascaras porque ignoran y discriminan estos personajes, la cual luce con brillantez en la palabra precisa dentro de la sintaxis narrativa. Según lo expresa el novelista Julio Cortázar *"El cuentista y el novelista sabe que no puede proceder acumulativamente, que no tiene por aliado al tiempo; su único recurso es trabajar en profundidad, verticalmente, sea hacia arriba o hacia abajo del espacio literario".*

La destreza de traslapar una sucesión de actos que nos desplazan hacia la imaginación, logrando un acierto en la discursividad literaria dentro de la textura, se cumple a cabalidad lo que expresa G. Genette (1966: 202) *"El acontecimiento (historia) en el acto comunicativo, para quien habla y para quien escucha, renace siempre en forma de discurso estético".*

Crea la realidad, ordena y organiza la experiencia del acontecimiento ficticio, liga esta distinción a la que se dio en la clasicidad entre mimesis y poiesis.

Recreación de la realidad adviene en literatura en forma de poiesis, creación artística del discurso. Ordóñez con habilidad expande su cosmovisión del mundo a través del humor que se ahonda, que se van intercalando, se va dando en el efecto dominó, hasta caer en la ironía, mordaz e indiferente, produce una atmósfera de extrañeza en situaciones de índole cotidiana y de mucha universalidad social y filosófica de la cual abordaré más adelante.

Otro de los aspectos que se lindan y se inmiscuyen en su estilo como aporte a la narrativa Hondureña, es la capacidad intuitiva de algunos personajes al estar inmersos en el conocimiento humano, de lo cual extrae una crítica vacilante al complejo de muerte, al que las escuelas freudianas han estudiado a través de tratados de psicología, y que el narrador desconstruye, juega, desbarata para darle vuelta a la tuerca del inconsciente, dándonos otra forma de ver las cosas , eso se da con pulcritud.

El narrador tiene la sublime tarea de llegar, de extender un puente para que transite el ser anónimo y desconocido que es el lector, nos conecta con las realidades vertidas y vaciadas en la página para darle forma, darle arquitectura a sus personajes, les da voz propia, toda la construcción de un perfil integral en los actuantes, buceo psicológico, lenguaje acorde a su contexto cultural.

Otro detalle es que convierte la narrativa de *"Pordiosero"* en una imagen alegórica, en el anterior logra darnos una tonalidad y un timbre psicomitico un ejemplo de ello seria *cuando el diablo habla en un relato me recuerda de manera coincidente al relato del poeta portugués Fernando Pessoa "La Hora del Diablo"* ;luego le da vuelta a la rueda de la imaginación, y construye una forma alegórica muy aproximada a la realidad, pero que adquiere otro perfil.

Recurre a las catálisis, en cambio, son acciones que no son importantes para la intriga" para darle realce al relato, para darle dispersión, para expandirse en zonas extraviadas en el alma humana. Crea en algunos acontecimientos en un proceso de condensación poética. En cuanto al aspecto de la técnica que utiliza para narrar (punto de vista) es muy común el autor implícito representado, puede ser definido como la figura que en el texto aparece como responsable de su escritura, veamos un ejemplo en el relato. Sin dejar de usar el narrador en primera persona hasta el narrador en segunda persona.

En el aspecto socio-lingüístico el autor recurre a lenguajes propios de la popularidad hasta estructurar un lenguaje poético y culto, hace una simbiosis con oraciones complejas hacia oraciones simples de habla cotidiana en muchas veces en el plano de la oralidad ,característica notable de su libro de cuentos *"Pordiosero"* , es decir que estos tienen como paradigma los actos de habla, la práctica y la ejecución lingüística son meras intenciones del autor en recrear las realidades del mundo interno y externo, logra una dicotomía espacial ,lo local-universal, lo popular-lo culto, la fábula-cuento-leyenda, es ahí donde reside su ocurrencia estética.

Esto hace la diferencia en la innovación narrativo-poético-ensayístico, esta es la verdadera demarcación y aporte en la literatura Hondureña, la estilística de la obra narrativa de Enrique Alexander Ordóñez; donde los compañeros y compañeras de la literatura Hondureña Contemporánea Actual damos bienvenida de manera campante.

IV

Segre se ha detenido en la importancia de las paráfrasis (aclaraciones, glosas, resúmenes de un contenido) como fundamento básico del mecanismo que permite una narratología de la historia y en particular de los contenidos, acontecimientos, sucesos de un relato (Segre, 1985: cap. 3J).

Esto se logra con destreza, para determinar la especie de brevedad en que se caracteriza la narrativa ya los narradores italianos y españoles andaban en este planteamiento, en Latinoamérica tenemos un referente Augusto Monterroso y el argentino Marco Denevi con su libro *"El jardín de la Delicias"*,por lo tanto Enrique Ordóñez se diferencia de ellos por su manera de tratar los temas y de salir con un estilo propio, en este caso, la perífrasis y la elipsis(resumen del tiempo), en los otros se da la brevedad conducida al desenredo de la trama y del argumento, en Ordóñez se evita los espacios, hace que los lectores vayan de la mano con sus historias, que vayan armando el rompecabezas, ellos sean los autores-lectores, en eso radica la diferencia.

Los rasgos impresionistas transforman la vieja técnica de representar la realidad, sustituyen la imagen táctil por las vivencias sensoriales; la luz y el color; imponen las pinceladas abiertas de historias impactantes, suelta a los personajes, el dibujo de sus caracterizaciones no caen en lo abocetado; captan la sensación fugaz del relato desde el inicio hasta el final, el matiz lumínico de pintar universos desafiantes, entretenidos y cognoscentes , le pone el acento de la sugestión increíble del instante y los objetos quedan transfigurados por la luz del subconsciente.

Recrea la historia, hace que el hombre sea el eje contradictorio de lo universal, en una certera síntesis Enrique Ordóñez encaja en un solo andamio la historia del ser humano en una cosmovisión filosófica del tiempo.

Veamos como Enrique Ordóñez introduce tonalidades poéticas dentro del texto narrativo acentúa de forma exacta el juego, al mismo tiempo define la Isocronia que es un aporte distintivo en la literatura Hondureña. En el aspecto técnico-narrativo, o sea mantener el ritmo narrativo de modo constante, con situaciones palpitantes en los ojos del lector, esa conexión precisa, logra la ingeniería de la narrativa, con un estilo depurado y suelto.

Para culminar este comentario, la narrativa de Enrique Ordoñez eslabona técnicas narrativas contemporáneas expuestas por narradores latinoamericanos como Cesar Aira, Ricardo Piglia, Javier Payeras, Alberto Laiseca y Federico Andahazi. En este relato se juegan los planos simultáneos, el corte esférico de la historia, redondear el asunto, enumerar objetos con precisión, la frase corta, la función secuencial hilada por motivos constantes en toda la globalidad de la obra.

Termino expresando, esta absolución estética llena de extrañezas, de sarcasmos, de vivencias experienciales, de anécdotas convertidas en historias verdaderamente literarias.

Una propuesta estética narrativa de Enrique Ordóñez a la que estamos invitados a explorar con certeza, estos relatos vienen a demarcar paradigmáticamente una novedosa forma de contar dentro del contexto de la narrativa centroamericana y hondureña y sobretodo sureña : en la que se vienen a enfilar Glenn Lardizábal, Oscar Sierra, Alexis Lainez, Hebert Martinez ,Rony Salgado y Ramón Rosa Osorto.

V

La fragmentación, la metaficción, la intertextualidad, la ironía son, apenas, algunos de los elementos que rastreo con puntualidad , es factible, sin embargo me remito a lo que expresa Braudilliard acerca del discurso poético en la época de la posmodernidad *"Baudrillard, por su parte, argumenta que la sociedad de consumo marca el paso hacia una nueva fase del capitalismo, en la que el valor signo – y ya no el valor de cambio y mucho menos el valor de uso - regula la producción de mercancías. En este sentido, la crítica marxista de la ideología pierde toda su fuerza explicativa de los social, puesto que ya no existe ninguna realidad última que develar. La sociedad entera se ha convertido en un simulacro escenificado por los media; en un intercambio regulado de signos donde no resulta posible distinguir la ficción de la realidad":*

La condición Posmoderna, según los plantean los filósofos contemporáneos: Michael Foucault, Jacques Derrida, y George Battaille. Ellos dicen que la era moderna surge con el establecimiento de la subjetividad como principio constractivo de la Realidad. Los textos que produce el escritor están situados y equiparados en un mundo caracterizado por una multiplicidad de juegos del lenguaje que compiten entre si. Por eso me referiré a Posmodernidad Estética: La estilización superficial, que consiste en el embellecimiento de la realidad a través de los cosméticos, y la otra es la estilización profunda como estrategia económica, todo ello es amalgamado por la observación del escritor Enrique Ordoñez; su cosmovisión sociologica aunada en las sociedades del simulcro y en las sociologias liquidas, en procesos de condensación semiótica, descodifica y encodifica signos, *"La Percepción es la madre de la Ciencia".* Para poder discutir su rol del escritor en las sociedades del Simulacro, haré un traslape de conceptualizaciones, para dar paso certero a mis disertaciones epistémicas, sin caer en las redundancias, ni en falacias, la ruta que abordaré desde una postura Teórica, es analizar y percibir el tipo de sociedades se sumerge el escritor, y así concebir un planteamiento que sistemáticamente coincida con el objetivo del ensayo; por ejemplo en el cuento "Lo prohibido" narra la postura de los agentes educativos que están contra la lectura; lo que en teoría de la Historia se le denomina "Sociedades en retroceso" mientras otras avanzan; por eso en esta apartado discutiré precisamente las inherencias sociológicas que se plantean en el libro de cuento "Pordiosero" de Enrique Ordóñez; por ejemplo en uno de klos cuentos se denota un dialogo entre campesinos que comentan sobre los avances vertiginosos de la tecnología que ellos todavía no entienden; esto nos lleva a la significancia de un enfrentamiento entre lo viejo y lo nuevo, entre el pasado y presente; lo nuevo no puede borrar lo viejo; no hay líneas que marquen la diferencia; por ejemplo de manera sardónica en otro cuento discute; sobre la posesión de títulos; era del Homus Academicus de Bourdeau; lo que significa que estos cuentos no solo llevan una intencionalidad literaria; también de generar teoría; de generar transformaciones en el alma de los latinoamericanos; por ejemplo en el cuento "El Anciano de la Alforja" un hombre educado en las mejores universidades de Europa reduce su vida a la humildad; por esos los dos personajes campesinos filosofan en su propia forma " Si se tiene títulos , estamos hechos mierdas, si no los tenemos también estamos hechos mierdas" me recuerda a la novela "El Coronel Quien le Escriba" de Gabriel García Marques o "El Museo de la Inocencia " Orham Pamuk ; es asi mismo; que las sociedades posmodernas tienen como epicentro el "objeto" en función de la utilidad, eso me recordara a las teorías Utilitaristas de Jeremías Bentham con su planteamiento sobre lo panóptico en las sociedades modernas después de la Revolución Industrial. A priori quiero expresar que Toda la Literatura Universal desde tiempos antiguos ha venido traslapando y estructurando indicios de ciencia dentro de la macro estructura de la obra literaria, no solo porque las sociedades primitivas se desprendían de las mitologizaciones, sin embargo, el escritor, en función de su pensar, de u acto creador en potencia, sumerge los fantástico, salta hacia lo maravilloso, invierte realidades, recrea lo abstracto con lo concreto, aproximándose a la ideas del filosofo Karel Kosik. Homero y Virgilio, inventaron el ¿Caballo de Troya?, sabemos a cabalidad, que esta figura primero fue extraída de la realidad, luego paso por un proceso de recreación estética, ese salto, no se dio al azar, ambos escritores se basaron el proceso de observación como proceso científico a priori; basado en los argumentos anteriores; los cuentos de Enrique están plegados de observación como proceso científico; en los apartados anteriores hicimos el análisis literario; ahora estamos ante el análisis de tendencia científica que abarca lo sociológico y lo filosófico posteriormente, con la figura del Pordiosero; nos predice el futuro individual y social de los ciudadanos; vienen de la miseria , van hacia la miseria; no solo en el sentido capitalista; sino que cada personaje es la visión social; del fracaso de las instituciones sociales; tanto del componente educativo; sin embargo estos personajes no son villanizados, solo representan en esencia las realidades sintientes y sentidas que le competen a todo ser humano; lo que significa que el escritor de estos cuentos; es un observador, un experimentador , un investigador, no es al azar que surge el discurso ficticio; tamiza, extrae datos, conversa, observa y predice; eso hace que como investigador se desboque en la creación de un relato con tendencia prospectiva , ir hacia el futuro; porque en verdad detecta que la microfísica del poder esta segregada de pordioseros políticos; o de ricos que se convierten en pordioseros por la explotación de la fuerza de trabajo.

En EE.UU. Es considerado un país anti-intelectual, aunque suena contradictorio, ahí han surgido una marejada de escritores reconocidos a nivel mundial, no olvidáremos a Mark Twain, Edgar Allan Poe, Robert Frost, William Faulkner, Ezra Pound, T.S. Eliot, Cummings, Saul Bellow, Steinbeck, H. Mailer, Tennessee William, Henry Miller, la lista es interminable; Las High-school demuestran apatía y hostilidad por los intelectual, una causa sociológica en mi determinación: hay masas infantilizadas, a pesar que Estados Unidos ha sido el basto escenario para el desarrollo de la Ciencia, sin embargo, esta se ha producido bajo los aparatos ideológicos de la defensa del Estado, quizás el Escritor en estas sociedades no se proyecta como un científico, solo variamos como el guionista, el conferencista, el docente y nada más. El "Fast Food" "Disney landia" se convierte en el Microcosmos Social, porque todo es un abanico, un campo de concentración de Gadget, de parking, es decir el texto de la realidad concreta , estética y artística va en función de adornar y auscultar la realidad en que existimos.

El Escritor se adapta al stablishment del modelo económico que gobierna. En América Latina , surge una nueva propuesta , una novísima cosmovisión de traspasar , abrir las rendijas, las compuertas , diseccionar realidades, examinarlas, analizarlas y transformarlas, eso solo se podrá lograr, aceptando al Escritor como un Científico, con dos funciones en sus creaciones Prospectiva científica y predicción hipotéticas traslapadas en su estructura literaria .

La pantalla se ha convertido en el ídolo moderno, ha penetrado como alfiler los sistemas nerviosos del ser humano, según la Antropología Contemporánea, estamos frente al *"Homo Videns"*, provoca una descontextualización, la mercancía va dispersándose en flujos, convirtiéndose en capital, en circulante. Indicios de sacralidad de la realidad impersonal, surge el imperio de lo efímero. Julio Verne en su contexto social e histórico se adelantó imaginando máquinas. Analizando de forma detenida, en sus novelas, hay una simbiosis de fantasía y ficción, teniendo como plataforma una realidad concreta, Verne, Escrudiñó todos los procesos e impactos de la Época de la Revolución Industrial, la máquina de Hilar y Vapor ya habían surgido, ese es el punto de partida de la Creación de Julio Verne, irse a los antecedentes Históricos de la Humanidad para justificar que el Escritor marca una actuación precisa y exacta de un Científico.

En la Actualidad como en el pasado, lo duradero se va transformando en efímero, entre los inicios del siglo XX y el Siglo XXI, la velocidad de la Máquina ha aumentado, encontramos una adolescencia alterada y acelerada, todo conllevado al acto de consumir, el sistema va creando la necesidad obligatoria de adquirir productos nuevos. Provocar en el cliente que se descontente con el pantalón que tiene, implica que ya no debe esperar que las cosas se gasten, eso se le llama *"Funciones Parasitarias o prestigio Confort"* propio de las sociedades Pos capitalistas o Neoliberales que producen la figura del Pordiosero; este personaje no solo es de carne y huesos; desde una perspectiva cientifica, lo pordiosero como sema sustituye al semema pobre y miserable; dándole lugar al pordiosero en un contexto mundial, no solo local; asimismo; todo lo que nos rodea materialmente es símbolo de poder; el personaje de la calle es símbolo de ausencia de poder; en todos sus sentidos; por lo tanto , el escritor Enrique Ordóñez cumple a cabalidad su función científica, esta emergido en mismo nivel epistémico de los otros científicos, tiene su laboratorio, experimenta, elabora hipótesis, observa las realidades, disecciona la naturaleza, cuestiona sobre la causa-efecto-consecuencia, elementos propios del proceso científico. Alguna vez, alguien expresó que la literatura no es ciencia, que el texto literario tiene sus propiedades lingüístico-textuales diferenciadas del discurso científico, porque no es comprobable.

Me remito al ejemplo, tal equivocación, señalo con certeza de no equivocarme, la comprobación como procedimiento científico tiene dos concordancias, una, la coherencia que tiene con la realidad estudiada, y la otra los planteamientos disertados en la obra a través de la connotación y denotación, más que todo la utilización de una metodología para dar persistencia en este caso los cuentos de Pordiosero .Estos relatos están basado en las teorías siguientes; la realidad es un relato, dice un teórico de la Semiótica, hay secuencias encadenadas, lo podemos identificar en los historiadores cuando elaboran las periodizaciones de la Historia Universal. El sujeto es el actante, tiene funciones dentro de la realidad, que va desgranando en la medida avanza hacia la circularidad. En un científico debe haber niveles óptimos de imaginación, solo así, descubrirá lo que se propone, en tanto Enrique Ordóñez, primero llega como científico hasta llegar al momento de la exacerbación creativa, es la literatura unificada a la ciencia; para criticar de manera cruel a las sociedades del Simulacro.

Ser espectador de la Realidad Muerta o espectáculo de la Mortalidad, es la producida de forma sistémica por la Pantalla (Cine, Tv) acude a una especie de acto ceremonial como la cultura "Potlach" (Los banquetes, el sexo,) hay un traspaso a la ceremonias modernas. Lo otro es que se aproxima una economía de acumulación al derroche, estos indicios ya estaban adelantados o manifestados en las obras de Frank Kafka para citar un caso, el existencialismo hace una crítica a lo material, a la conciencia monetaria, a la pérdida de libertad planteada por Sartre. Kafka nos quiso decir, que vamos a convertirnos en "zoo-humanos", a través de la categoría de lo grotesco, predijo la conducta existencialista de cien años después, de esa metamorfosis que provocaría el sistema capitalista en el pensamiento y conducta del ser Humano del Siglo XXI

Eso tambien se manifiestan en los cuentos de Enrique Ordoñez;

El capitalismo ha creado sus propios Mitos:

- Coca Cola
- El candillac
- McDonald

Se instalan en el inconsciente colectivo y en los rituales de la población. Eso implica que ya no es un recolector (Sociedades Primitivas) sino que se convierte en consumidor *"Agente del desperdicio"*, la figura de la mosca en "Metamorfosis" de Frank Kafka, nos predice este símbolo de desperdicio, sabemos a cabalidad que las moscas vuelan sobre la basura, lo digo de manera literaral, en sentido figurado comprobamos que el escritor planteó hipótesis de cómo seria el ser humano en el mundo del futuro, eso es sentido y predicción científica.

Sigo caracterizando las sociedades en la que gravita

y se desenvuelve I el escritor como Científico. Jean Baudrilliard nos presenta una serie de características de las sociedades del Simulacro:

- La Representación Electrónica de la Muerte
- La mente en la Cartografía del hipertexto
- La autopista de la información
- La tele-presencia
- La Ciber-Muerte
- El asesinato de la Realidad
- El mundo como una gran cámara de vacio
- Imágenes de la Gran Urbe
- Súper-carreteras
- Aviones supersónicos
- Televisores de cristal Liquido
- Los macro-ordenadores
- Prótesis Tecnológicas
- El ciber-reflejo
- Vértigo de la ciber-musica
- Lluvia de imágenes digitales
- El zapping o corte de semáforo

Todas se insertan como puntos covalentes en las macro estructuras de los textos, los escritores se enfrentan ante esta dinámica que está desafiando la creación literaria y su función científica ante la lucha contra la categoría filosófica Aristotélica de la "Apariencia" basada en la contemplación, receptación, deseo y creación del público. El escritor emergido en el sentido Crítico busca predecir a través de probalidades y cuestionamientos filosóficos: hacia donde nos dirigimos con toda esta hiperrealidad en la que hunde al ser humano en la materia, en la falseacion de la realidad; sencillamente se convierte en el pordiosero capitalista, en el pordiosero virtual, financiero, porque ser pordiosero no solo es aquel ser que carece de todo materialmente hablando, sino aquel que no tiene conciencia humana, que no tiene amor por los demás, aquel que le quita la libertad a otros, el que provoca guerras, el sujeto que explota, el pordiosero que deambula en la calle dejara de ser pordiosero; ya lo sabemos, ellos con su existencia solo nos reflejan el fracaso del hombre del siglo XX y su adveniencia en el presente siglo; que el nuevo pordiosero no está ya en las calles; sino en los grandes edificios amasando grandes fortunas , bañando en playas de famosos, comiendo caviar, robándoles al Estado, engañanado al pueblo cada cuatro años; ese pordiosero que todos llevamos a dentro; mas allá de las culpabilidades humanas; bien vales la lectura exquisita, suave, pero también sarcástica, cruel , desenmascara y al final con un toque de piedra abre escenarios a la imaginación para poder transformar las realidades que nos arremeten en los asideros de la sociología pragmática del pordiosero: dejar de serlo para ser mas humanos.

VI

Decir esto, contorsiona en el disturbio de cualquier razonamiento asmático que se despliegue en los vértices infecundos de la Historia, nada ha hecho el pasado, no existe, solo existe el hoy como esencia de la concreción enferma de los afanes materiales del ser humano, resultado del homínido evolucionado con su anatomía con un cerebro sobrecargado de imperios y enfermedades desde que inquirió ser el homofaber o el homo pordioserus; desde que la existencia la identifico como la no-vida, niego la vida, porque su poderosa presencia y segura es la muerte; es el sofisma garante de ir hacia donde no vamos, el enigma es no saber ni explicarlo, la ciencia ha perdido su prejuicio, porque nunca ha tenido la dicha de explicar la vida en sus materializaciones porque los científicos y académicos del siglo pasado se desvanecieron en los abismales laboratorios para plantear ecuaciones para implementar la muerte cruenta, trágica, molecular y nuclear; es absurdo inventar algo que ya estaba- ahí; la muerte es la dimensión paralela que se dispersa en la idea del miedo; de tantos miedos que han perseguido al humano; digo humano en el sentido cínico, porque todavía en una época tardía ante la evanescencia de la celeridad posmoderna, todavía el atraso es un adelanto aparente; el avance es hacia atrás; y la apariencia con la esencia parecen caer en la fórmula bioética del simulacro; todavía no somos humanos,

humanos no humanos, deshumanización "Pordiosero" este es el cuadro existencialista y ontológico que detectamos en la obra "Pordiosero"; me gusta contradecirme como el viejo Cioran; actúo por remedo, por mimesis, todavía imitamos ser humanos, y no lo soy , ni lo eres , ni lo serán; aunque el imperativo del fuego con el choque de la piedras, aunque el homínido ya no camina erguido, vaya herencia del homosapiens y sus ocurrencias en las cavernas; el fuego apareció después de la oscuridad, por eso somos primero oscuridad; nadie es luz, lumbre pálida de la lámpara del antiguo Diógenes.

La herrumbre de la oscuridad se introdujo en los sentidos, en los lóbulos reptiles del hombre, no humano, del homo aviator, que desgarre ; toda esa especie ha sido una representación paulatina de una evolución clasificada por la falsedad de la ciencia; Comte quiso entorpecer los estadios de la supuesta humanidad explicándola, nada merece explicación , nada está dado, todo lo que vive no existe, y lo que existe no vive, creen en lo que miran , todo pasa fugaz como un rayo por los sentidos que todavía no los ha utilizado coherentemente el hombre; y el día que descubra emplearlos , entonces solo ahí descubrirá la sensibilidad , las emociones , eso lo harán humano; la subsistencia del mundo, como la juntura de desechos, de un mundo concretizado en lo visceral, el mundo es la basura de mundos anteriores este es el lastre que se desgarra en la lectura de la cuentistica de Enrique Ordoñez, me da mucha carcajada que el mundo avance, haya tenido hallazgos, como la electricidad y la alta tecnología si en verdad eso ha quitado desmembrado, difractado y destruido el indicio de humano que el hombre ha querido forjar a través de la patraña educativa; no existe eso, de la educación, existe la academia de Platón , los métodos de Montessori a la luz del pensamiento homínido; porque la epilepsia de los avances van retrocediendo el alma hacia la oscuridad de la cavernas; eso también se palpa en su voz narrativa avanzamos hacia lo material, hacia lo fugaz, lo etéreo, han inventado discursivizaciones nefastas y el mundo es propiedad maldita de unos pocos con corbata con gran confort ; salvajes con tarjetas master card; homínidos egresados de las grandes marcas universitarias, y el cerebro enfermo se eso se delata con mucha destreza, la profundidad literaria, la profundidad filosófica en la que estamos disertando; sin padecimiento, sin masa gris, envejeció porque nunca llegó a la construcción de pensamiento ; si escribieron pensamientos, en favor de la dizque clases sociales que nunca han existido, teoría marxista sacada de la manga de la camisa con esa idea pulcras y poco practicable de igualdad, equidad, no existen esos constructos, esa resultado de un razonamiento abrupto, sin dialecsis, ni mayeusis; lo humano, no existe; y me suena revelador negarme, pero el que no se niega, no se confirma; regresando en la diatriba de los humano con la muerte eso se simboliza en el personaje que se introduce al ataúd sola reflexionando sobre la muerte al igual que Vladimir Yankelevich; la apariencia es el reflejo de lo no cierto que es cierto por simple mirada, vaya mirada engañosa y pueril del hombre que se convierte en pordiosero; digo hombre sin cavidad de género, o de subversiones innecesarias para entenderse; y la muerte pensada , y la muerte por los que no la piensan, porque llevan el código de barra de ser positivos del éxito inservible y trivial; el afán de subir y bajar la roca de lunes a viernes, vaya la historia del hombre se mira demarcada en estos cuentos ayuno de aderezos y adornos , es la historia del fracaso, la historia y sus aristas están presentadas por sus caídas, por sus retrocesos, unos avanzan, pero otros tienen que retroceder, unos nacen, otros están muriendo, otro come pan, mientras otro come nada, y si nadie se da cuenta del otro , de la otredad, de que existe el otro, vitalmente se convierte en grado menor en lo humano, el viejo Filosofo Habermas, dice que el dialogo, es el que construye el ser; no lo contradigo, pero no existe diálogo, no es que sea sacerdote del nihilismo, o sea un ovejero del misticismo o del escepticismo al igual que el autor Enrique Ordoñez no somos crédulos del mundo aunque si nos doblegamos a cierta esperanza de una especie de cristianismo desnudo; hoy ya no se piensa como antes, ni ayer se pensaba como hoy; el hoy fue un ayer en la percepción metafísica temporal, él y el futuro es una proyección material para la no humano; para lo humano el futuro es lo fenomenológico; por eso la aparición de burdas y mentirosas religiones haciéndose pasar por la bondad grandiosa de un ser supremo; que ya le quitaron el poder, desde que han nombrado superiores a papas y profetas; impostores, dudo de la interpretación masiva de sus apostolados imperfectos.

Cuando me atrapa toda la profundidad lectoral de los cuentos de Enrique Ordoñez , de Charles Bukowski y Máximo Gorki; llego al termino metafísico caigo en lo absoluto, me quedo sin repuestas, sin alardes, con la incapacidad para delimitar la muerte y lo humano, más que mis desvaríos antifilosóficos, porque han degenerado todo; el ser del ser no ha llegado a sus llagas, porque creemos que el ser vive feliz con una risa dibujada en la febrilidad del rostro, dejándose de mentiras, el dolor es inherente en los países donde el pensamiento ha avanzado en pro de lo humano; sin embargo la ceguera de un pensamiento limitado, hegemónico ,impositivo lastrado y castrado por la virulencia política por el agobio provocado por sus líderes con siete cabezas apocalípticas que son determinados como los pordioseros disgregados de poder político. La muerte colectiva, la muerte del alma ,la muerte del cuerpo , la muerte de lo otro es la muerte de lo humano, lo que existe es la materia, es el ápeiron, el fuego convertido en dinero, el aire trasformado en producto, la naturaleza dispuesta a dejar de ser naturaleza para entrar a ser otra naturaleza desnaturalizada que en verdad convierte al humano en un simple Pordiosero; poseído por todo; pero con el alma cayéndose en el abismo del vacío sin asidero y sin destino.

La dramaturgia de "La Fiesta de Atenea"

La dramaturgia de "La Fiesta de Atenea" es una fenomenal obra escrita por el maestro Rafael Amador; en la estructura de la obra se me viene el sentido del coral, de la esplendidez del teatro de Eurípides, Esquilo, entre otros; los rayos de luces se traslapan en una tramoya límpida de música, con una acento rítmico que se debate de un jalonazo en la estética de las acotaciones y mas allá la amplitud de las didascálicas; los ambientes fervientes, el desplazamiento de los personajes colectivos hacia la perfecta caracterización de Atenea como el epicentro dístico de la obra dramatúrgica; el pincelazo de luces que se discurren, el telón se abre en el suplicio del mimo; con su rostro emergido en el tintoretes, en el difuminato de la armazón del textos en escenas y actos que incurren en las leyes del teatro que nos plantea Aristóteles en la Poética; sin embargo otro aspecto interesante en la verbi-gratia de la boca de los actuantes es el juego poético de los parlamentos, surge la palabras con sentido metafórico; cada espacio trasluce en el imaginario con acciones que van en búsqueda de verdades eternas y realísticas ; cuando aparece el corifeo; sirve de anclaje artístico para darle el salto al plano surrealistico donde subyace la plegaria del público; al culminar la lectura del guión Teatral me estaba enfrentando a la delicadeza del lenguaje , a la preciosidad virtual de subragarla en novela, en poesía, en relato, un hibridismo indómito; sin caer en lo llano y en la imprecisión; es así que la dramaturgia de "*La Fiesta de Atenea*" se convierte en un eslabón estético de una representación que va mas allá de la simulación , porque advierte profundizar en el alma humana y cavar en la realidad recalcitrante de la sociedad hondureña; tonos armoniosos al compas de la comparsa, la música se dispersa en el bregado de voces que le dan el initio y el culminatio de manera acertada; es por eso que esta obra se vierte en una verdadera obra de arte.

II

El manejo de los tiempos tanto reales como subjetivos son muy coherentes; me refiero a la genotextualidad ; es decir a las circunstancias, emociones, temas , lecturas y contextos que dan origen al texto dramatúrgico; el actor , director y mimo ; también logra con exactitud su proeza como dramaturgo; oficio muy poco conocido en Honduras; no obstante, el recorrido lectoral de "La Fiesta de Atenea" circunda dos dimensiones; la creación misma del texto como guión; no simple guión; como se acostumbran muchos; me refiero a la creación del texto dramatúrgico como texto literario; hay un correlato; hay un argumento , trama, actuantes, aparte en la segunda dimensión, entran en juego elementos extraliterarios y paralingüísticos que se desbocan con manejo técnico y estratégico; el texto al llevarlo a las tablas, puede sufrir cambios internos o externos; puede ser objeto de traducción de código de la escritura a un código escénico donde incursionan factores proxemicos; didascálicas; tramoya, escenografía, efectos especiales, coreógrafía, música y tramoya son componentes logrados magistralmente; por eso es sorprendente la visualización mágica del vestuario, las genuflexiones, la campante gesticulación de la tonalidad corporal van campantes; indemnes, otro elemento es la presencia del elemento indígena, espectacular forma de concebir la espectacularidad de una dramaturgia coherentes en la parsimonia; sin dejar de lado los vestíbulos del baile; placer estético que se emana con mucho artilugio; con mucha experiencia y labor; labor fecundante por la destreza de llevar a las tablas una obra teatral que hace honoris a la Universidad Pedagógica Nacional "Francisco Morazán " un elogio que merece la magnitud del aplauso y el resquicio de la bienvenida; esa mezcolanza y simbiosis exacerbada de la danza folklórica , late una cosmovisión fortuita e implacable; por eso se logra ver una policromía en el pensamiento creativo, gama de colores en el movimiento certero de los actores que nos conllevan a identificar la presencia de la poesía en el juego de cuerpos; cuerpos emplazantes que imbrican secuencias de acciones interesantes entretenidas, sin redundancias, sin caer en los visos de la espontaneidad; plasticidad actoral; fluidez holística en sus estructuras escénicas, dominio de la verbia, tangibilidad emocional; todo ello se convierte en la fiesta; en el elemento carnavalesco, no me refiero a carnaval como simple sema; sino a lo que nos indica Mijail Bajtin "En lo carnavalesco no existen límites entre las demás esferas sociales del arte"; es así que nos palpita el alma en el disfrute lectoral y en el suplicio de esas fiesta que se convierte en el homenaje a Atenea; mística, que se convierte en el arquetipo moderno de la sabiduría, por ello; la Universidad , posiblemente vaya más allá de la Atenea que hemos disfrutado, en mi caso en absentia he imaginado su espectacularidad a través de su lectura magnifica y lograda estéticamente.

La estilística Neo surrealista de la novela *"Un sueño con piel de Rey"* del escritor Alexis Arnoldo Laínez.

El arranque o el atrape premeditado que va dejando la novela *"Un Sueño con piel de Rey"* con certeza y maniobra narrativa circunscrita con las técnicas contemporáneas muy vigentes en una época en que la literatura ha ido ubicándose a la par de la vertiginosa velocidad del siglo XXI.

La aventuras de Jalachil lo encaminan hacia al deseo cósmico de llegar a ser el rey; sin embargo; el relato está supeditado a una trama de conflictividades y oposiciones que van dándole un contrapunto; el juego de un lenguaje acertado literariamente; con precisión va construyendo la arquitectura de los personajes que no quedan indignes antes los aprobios de la existencia. Se puede ubicar el relato novelesco con una temática de tendencia etnohistórica desde el ingrediente ficticio-narrativo; con eso se viene a la mente; el Popol-vuh; las narraciones cachiqueles entre otras obras que hacen un baluarte de la literatura indígena; lo que significa que esta novela de **Alexis Laínez**; se plantea la búsqueda indescifrable de la identidad; Jalachil se convierte con mucha intención en un arquetipo; del soñador indígena que busca cumplir el objetivo de ser rey entre las comunidades indígenas; en cuanto al recurso tiempo; va enmadejándose en lo circular ; en un andamio de ir transponiéndose relato dentro de otro relato; en este caso; el sueño premeditado que va evocando de forma sublime.

La novela *"Un Sueño con piel de Rey"* marca una dicotomía entre el mundo espiritual-material. La existencia-la muerte, el poder-la servidumbre; el bien-el mal; dentro de un contexto estructurado por creencias, mitologías propias de las culturas mesoamericanas; posiblemente *Maya, Lenca o Paya*; la idea se universaliza trascendiendo en una estilo depurado, sin adherencias de adornos poéticos, con un lenguaje en boca narradores orales; hacia una escritura constante; no obstante hay un componente sociológico dentro de la macro estructura de la obra novelesca; se trata de la conflictiva entre clases sociales; los salvajes y los nobles; es donde aparece Jalachil delimitando esas diferenciaciones tribales; enfrentándose al complejo de persecución del que sería objeto; Jalachil y su caballo patasantas están dibujados con un difuminato surrealista; imbricado en un paisaje traslucido y evocativo ; es decir, la relación tiempo-espacio; contienen un equilibrio muy puntual.Otro componente de la novela ; es lo mágico; como símbolo de la naturaleza; por ejemplo el anciano que mantiene una ardua comunicación con los animales; sin embargo para que Jalachil logre el proyecto de llegar a ser rey tiene que seguir los consejos dados por el anciano antes mencionado.

La figura del símbolo; como la ceremonia del fuego; resplandece con significados de éxito o de triunfo; porque va de la figura del héroe que quiere recuperar las tierras y liberar del esclavismo a pueblos que las mismas sociedades mesoamericanas se sometían; es así que en este cuadrante existencial Jalachil se enfrenta al destino, al camino escabroso; como actante tiene la función de liberar a su pueblo. Aunque Jalachil se le considera con una especie de locura; esta característica psicológica va dejando al personaje convirtiéndolo en una complejidad; por lo tanto; la esquizias, deliriumns tremens; fobias y manías son los padecimientos que sufre Jalachil según lo presagia el anciano curandero; asimismo esta Novela de **Alexis Laínez**; confirma su estirpe de narrador; sin elocuencias, ni desbarates, con estilo directo, cumple a cabalidad el polifonismo de Bajtin cuando busca dialogar con los personajes, ambientes, contextos y lenguajes todo envuelto en una semiosfera de significados acertados.

Por eso Jalachil debe cumplir su sueño de Rey; esa elevación metafísica, excava el consciente y subconsciente, lo deja andar, los suelta con mucha libertad, encuentra soltura en la secuencia narrativa, coherencia interna, amplitud en los personajes. En el aspecto técnico utiliza un narrador objetivo que va contando desde afuera hasta un narrador-dialógico, alternándolos de un aparatado a otro, aunque la novela no esta capitulizada, sin embargo hay marcadores narrativos que el lector va identificando para ir sosteniendo el hilo narrativo, sin ofuscaciones, atavíos, Jalachil representa al ser humano–indígena que elabora su propia filosofía desde la construcción de Latinoamérica; es decir desde la analectica de Enrique Russel; pensando a Latinoamérica desde Latinoamérica; dejándose de clasicismos europeístas, haciéndose la propia historia, conviértase en el símbolo que debe ser el indigenismo como idiosincrasia de los pueblos mesoamericanos, esa la búsqueda de identidad de Jalachil; un personaje construido con certeza literaria con profundidad pictórica a la luz de la velocidad.

La novela *"Un Sueño con piel de Rey"* busca definirse con un estilo muy original sin intertextualidades, ni metatextualidades, nada de influencias, una novela limpia, transparente sin amoldamientos; es por eso que constituye en Alexis Laínez la responsabilidad de evocación narrativa, fuerza interna en el relato; siempre en la novela se plantean varias historias, aquí se trasluce el juego somero de las historias de un personaje poliédrico (**Sierra, O, 2010**) las diferentes aristas en la que va deshilando el relato de los relatos del personaje principal, no es nada fácil trabajar con solo actantes; Alexis Laínez logra que Jalachil sea todo. Para todo, se logra la categoría de la totalidad de Luckac; refiriéndose en la unidad temática y estilística.

III

La novela *"Sueño con piel de rey"* es una obra que se define en el expresionismo estético renovador; por su expresividad conjuntiva y una especie de disyuntiva neo surrealista porque usa como recurso el componente onírico; esto desboca al texto narrativo en un acierto indiscutible; una por su cosmovisión temática en el tratamiento firme del asunto en un sentido literario; en el segundo aspecto, recurre con fuerza a situaciones particulares de Jalachil ; explorar su vida, sus locuras y sueños; es así que Alexis Laínez confirma su pasión por la escritura narrativa ; por eso el significado de la novela va hacia la naturaleza, Jalachil tiene el sueño de ser rey de la naturaleza, de las aves , de las montañas y de los ríos; por eso es un personaje duable, poliédrico, multidmensional, no se trata de barajar la historia del relato iterativo con varios personajes; por eso encuentro una coherencia de secuencias en un proceso de tarea donde Jalachil al final logra vencer todos los obstáculos; Alexis Laínez esta vez redimensionó un personaje que lucha por los sueños ; empieza como el antihéroe para convertirse en la figura del héroe; al igual que El Mío Cid Campeador o en el Gilgamesh; por lo tanto valoramos sus aciertos y estilos; Alexis Laínez ya venía trabajando la forma novelística en su obra anterior *"La Mina :Un Paralelo de Bestias y Hombres";* publicada en varias versiones; y **"Días de Miseria y Gloria"** son los exotextos que confluyen en los antecedentes de su estilo sobrio y depurado; según lo anteriormente expresado.

La *novela* **"Sueño con piel de Rey"** difiere de un conocimiento amplio de las culturas indígenas, y la extrapolación de sus religiosidades que se diseminan con mucha cadencia; por eso al recorrer su lectura nos sumergimos en la piel de los sueños; con esa fina evocación de llegar a ser rey; una enorme bagaje cultura que se estructura de manera dicotómica sin caer en el alambicamiento; una novela corta siempre está ahí desbordándose; dilucidándose, con una ruptura de espacios, de tiempos; por eso Jalachil es el símbolo del hombre eterno; el ser humano que busca los secretos de la naturaleza, el origen de su sueños, campea contra sus adversarios; este elemento ha sido un rasgo de toda la literatura Universal luchar contra los contrarios; sin embargo **"Sueño con piel de rey"** va hacia la profundidad de universos anclados en la pupila de la naturaleza, la magia lo maravilloso sorprenden con delicadeza verbal, imaginativa; sin problemas de construcción sintáctica ; diríamos que es la semántica de lo fantástico ; porque Jalachil recorre sus propias fantasías en sus aspiraciones de ser Rey; es por eso que esta novela se viene alinear con mucha profundidad en la literatura hondureña y centroamericana contemporánea del siglo XXI.

Oscar Fernando Sierra-Aronne

La configuración estilística posvanguardista de la poética *"luna, mares y senderos" de David Fortín*

Oscar Fernando Sierra

Siempre he dicho a cabalidad que llegaría la hora, llegaría el momento en que la palabra poesía alcanzaría niveles inexplotables en la obra estética de David Fortín. La juntura de las profundidades significativas que recorren sus poemas desde una estructura rizomatica, cada palabra, cada verso es una raicilla que va produciendo interconexiones sémicas, sintácticas, con encabalgamientos precisos con intencionalidad estética. De forma holística la poética de Fortín abandona la rigidez vuelve al poema una multidimensionalidad como si el lector transbordará varias pistas de imágenes, de significados, de mundos en contiuum, en un juego lúdico, mítico, amoroso. Su punto de partida es la cotidiniedad, esa es la confirmación de una simbiosis entre estructuras retóricas de trasparente goce lectoral, sin enmascaramiento metafórico; traslapándose la brevedad con el dilema de confrontar lo efímero, la eternidad de la cosas cotidianas;

sus versos hablan por su calidez estética:

Interminable viaje
donde

se vuelve
a soñar.

Otro aspecto es el viaje al fondo del ser cuando explora el tema amoroso, más allá del onirismo, más allá de explicaciones técnicas y humanas, sus poemas no se quedan varados por la simpleza, lo primero que encontramos el trabajo complejo por la palabra. Travesía que uno recorre para confirmar y aseverar con cientificidad que David Fortín ya define su estilo con sus obras anteriores muestran el leitmotiv de la soledad, del mar y de la figura metafórica subyace fina, campante, discernible:

Caí lentamente
en el abismo
de tu olvido.

Según algunos teóricos la estilística está definida por el uso de léxicon, por el manejo de palabras que se convierten con precisión en formas propias del poeta dentro de la macrotextualidad; un ejemplo sería el uso de sememas propios del mar, del bosque, de la naturaleza, es así que el poeta Fortín , manifiesta una vez más confirmándose como un poeta de la soledad vertida en el existencialismo del siglo XXI; cada verso, cada significado va hilándose con destreza, con acierto, con mucha fuerza poética; por lo tanto, el manejo de la brevedad está muy acertada, va entrecruzándose entre el eje paradigmático y el sintagmático para prevalecer en un juego léxico , en una lucidez que se vuelve sombría cuando vamos sumergiéndonos en las travesías profundas del poema; es ahí donde encontramos el traslatio de la ternura hacia el desboque del "ser" en la desolación; en la firmeza de caminar hacia senderos indescifrables, senderos que conducen a los paraderos del destino mismo del ser humano; mucho humanismo, sensibilidad aflora en la poética de David Fortín;

> *"Sentir vida, muerte, dolor*
> *paraísos, infiernos*
> *se esfuman*
> *las manos del artista*
> *en la vera del*
> *amor"*

El desplome de una búsqueda intensa, corcondante en la poesía Hondureña. Es así que la Literatura es un la tabla de salvación donde se definen experimentaciones, emociones, destemples, desvariaciones, llega siempre el momento oportuno en que el experimento existencial se convierte de forma estética espectacular de reflejar los estadium de la conciencia humana a través de la poesía pos vanguardista. Ya lo ha logrado en trabajo de orfebre en los poemarios anteriores; donde va conformando su bagaje sociocultural, de lecturas y en un sentido crítico el poeta, se emerge en universos interiores para salir a la superficie; avanti, sin caer en el artificio, sin caer en reiteraciones, la levedad y suavidad del verso se persiste, se implica con mucha dinámica, con fuerza dialéctica, la plurievocacion del verso. Eso se nota en los siguientes versos:

"en lejanos mares de arena
en colosales pájaros perdidos
en melancólicos espejos enterrados
se mueren otra vez los recuerdos
en el acantilado destello del olvido"

Si observamos los aportes de David Fortín; lancemos una mirada acuciosa en un recorrido lectoral, surgirá primero, el timbre propio, cuando combina palabras, y una palabra lleva el binomio de significar dos cosas a la vez, dos referentes de forma simultánea en la estructura profunda del poema y en la dimensión superficial del verso; ambos estados forman una coherencia; cuando se refiere al mar, posiblemente este indicándonos geográficamente a la zona costera donde se desenvuelve el poeta, el otro significado oculto, es que la figura del mar, también sea el de la muerte, y tercer significado el de la multitud; esta trilogía semántica enmarcan el estilo en una tonalidad muy peculiar, personal, huella precisa, sin influencias, ni vaguedades de trasponer otros estiletes , ni remedos de bajo ruedo, el trafago cataforico , tres a cuatro versos, redondean, esférica forma de concebir al poema, esa circularidad del tiempo, la ontología del poema radica que el ser disgrega otro ser en ausencia, puede ser la tierra soñada, la infancia, la familia, la mujer que se marcho, los compañeros de lucha, toda una policromatica convergencia de temáticas anudadas y desenvueltas en un solo poema:

"Solamente quiero caricias del sol
ser un niño jugando a la rayuela
internamente en el fondo del bosque"

Eso lo vemos en el verbo :
"Filosofaste sobre las
curvas de la luz muriendo
en lejanos agujeros
ausentes de tiempo"

Eso origina un viraje a la novedad, a la innovación .Otro aportación es la reiteración de semas y lexicón en toda la globalidad del poemario , no la confundamos con la simple recurrencia, David , tiene esa potencialidad de crear una forma rítmica ; esa ocurrencia creativa sumada al talento nos da como resultado la eclosión de un estilo definido desde el punto de vista sintáctico, semántico y fonológico.

Para comprobar nuestros planteamientos es necesario hundirnos en la lectura para ir sintiendo el volumen de ternura, la magnitud sorpresiva del deseo amoroso. En el aspecto temático el elemento intimo-social-existencial; el tema del amor tiene una cosmovisión novedosa; las figuras femeninas universales tratadas con delicadeza para luego observar la metamorfosis de la mujer amada, ausente, evocada, deseada, con rotundo esfuerzo lingüístico por introducir sociolexias cotidiana para darle armazón metafórica.

Evocación sublime, el agua de la lluvia se

desliza en verbo, el rocío en se transforma en sustantivo metafórico. Cada verso es un ovillo de emociones diseminadas en fuerza catexica, la mujer amada se transversa, juega, en un vaivén, olvido –recuerdos, muerte-Vida, amor-Distancia, Mar-cielo, desolación-olvido, ausencia-soledad.

Con certeza David Fortín con su habilidad cimenta su propio estilo, su propia voz en la actual producción Poética Hondureña, ya los estudiosos en un futuro no lejos , darán a conocer sus postulados, sus teorizaciónes , sus características y rasgos que lo han definido sin poses, sin riñas, ni marañas su poética abre las compuertas a las trasmnformaciones estéticas de la poesía Universal, con fundamento, no encuentro , ni alusiones , ni citas , ni influencias, eso implica de forma concreta , que estamos ante la estética de la Originalidad, de lo amoroso, más allá del tiempo, mas allá de la palabra encontramos respuestas al cosmos, al amor, al universo, a los cotidiano, el mar, lunas y senderos donde el ser humano había apostado por el fracaso , el siglo XX es un tiempo en que el ser como tal esta esgrimida en la angustia, y la poética de David logró imprimirle un sello estilístico, a pesar de sus evocaciones irónicas y paradojas , es un poeta que no abandona la alegría extraída de los manantiales de la lluvia, del mar, de la lejanía, del horizonte, la poesía de David Fortín, nos conlleva con certeza a los senderos donde la inmensurable se convierte en luna y esa luna se ovilla con el mar, ese mar que todos llevamos anclados en el alma, por eso "Lunas Mares y senderos" nos revela los secretos del ser humano, por ello vale la pena iniciar su reelectura para sentirnos conmovidos por su forma límpida de construir la poesía.

www.ingramcontent.com/pod-product-compliance
Lightning Source LLC
Chambersburg PA
CBHW070335290526
45791CB00003B/1343